In 500.

VOYAGE

A

BELLE-ILE-EN-MER

PUIS A LORIENT,

ET RETOUR A NANTES

PAR

VANNES, AURAY ET LA ROCHE-BERNARD,

PAR

GUSTAVE GRIGNON.

—

PRIX : 50 CENTIMES.

NANTES,

IMPRIMERIE-LIBRAIRIE-LITHOGRAPHIE And GUÉRAUD ET Cie

QUAI CASSARD, 5, PRÈS DU PONT D'ORLÉANS.

1860.

VOYAGE

A

BELLE-ILE-EN-MER

PUIS A LORIENT,

ET RETOUR A NANTES

PAR

VANNES, AURAY ET LA ROCHE-BERNARD,

PAR

GUSTAVE GRIGNON.

NANTES,

IMPRIMERIE-LIBRAIRIE-LITHOGRAPHIE And GUÉRAUD ET Cie,

QUAI CASSARD, 5, PRÈS DU PONT D'ORLÉANS.

1860.

VOYAGE

A BELLE-ILE-EN-MER, PUIS A LORIENT,

ET RETOUR A NANTES

PAR VANNES, AURAY ET LA ROCHE-BERNARD.

Sortant d'un hiver long et rigoureux et d'un printemps détestable, nous entrons en été par des jours pluvieux... Mais bientôt les beaux jours vont paraître,... et les heureux de la terre vont aller jouir des agréments de la campagne, de la brise fortifiante de la mer... ou des distractions si vives des voyages. Cependant, il n'est besoin de courir ni aux Pyrénées, ni en Savoie, ni en Allemagne, pour jouir de la magnificence des grands spectacles de la nature... Messieurs les Touristes nantais et les Dames qui aiment les nobles émotions que produisent sur l'âme la vue des grands panoramas, des grands sites, ignorent peut-être qu'il existe à la porte de Nantes un charmant motif de promenade-voyage, tout à la fois pittoresque, agréable, très-varié, instructif et plein d'émotions...

— Je vais en donner le rapide itinéraire. Puisse-t-il faire naître le désir de l'exécuter lors des belles journées *de juin, juillet, août et septembre...*

———

Vous gagnez, par les bateaux à vapeur ou par le chemin de fer, le port de Saint-Nazaire, que vous visitez ; *et, par des vents nord ou nord-est, remarquez bien ce point,* vous embarquez sur le bateau de Lorient. — Vous sortez doucement du magnifique bassin, vous rasez le phare de la Jetée, et vous dites adieu à Saint-Nazaire.

Bientôt le paquebot, avec tout l'essor que peut lui communiquer la vapeur,... vous emporte vers la mer... — Vous longez les jolies côtes de la rive droite de l'embouchure, et vous arrivez à Pierre-Percée, gros rocher goëmonneux, percé, au milieu du fleuve, et couvert d'une république d'oiseaux de mer effarés, jetant des cris sauvages ;... le paquebot passe à portée de fusil de ce rocher perforé, qui semble être le dernier débris d'un pont gigantesque qui aurait relié les deux rives... Pierre-Percée, c'est la porte de la mer ;... là, elle apparaît avec les profondeurs de son horizon bleu, et vous reçoit dans son sein. Elle est attrayante ;... sa surface à peine ridée n'imprime au navire ni tangage ni roulis... Le soleil resplendissant de lumière plonge avec éclat ses rayons dans la mer,... et la mouette, qui plane au loin, se balance mollement dans l'air... Tout est calme... La mer inconstante nous berce de la plus douce espérance,... et le voyageur, plein de confiance,

abandonne son âme aux vives émotions de ce grand spectacle...
C'est le recueillement ; c'est le plus sincère hommage rendu à
la puissance, à la majesté de Dieu...

Inclinant à droite, le navire prend le chemin des îles, et s'é-
loigne à toute vapeur des côtes de France... Le Pouliguen, le
bourg de Batz, le Croisic, fuient au loin comme un mirage, et
se perdent bientôt dans l'espace ;... puis il ne reste au voyageur, pour reposer sa vue, que le ciel et la mer, et des navires,
et des barques couvertes de leurs voiles rouges, fuyant dans
toutes les directions, emportées par le vent, comme les goëlands dans l'air... Mais bientôt on aperçoit les îles ; et les
dauphins, en bandes joyeuses, font la cabriole autour du navire,... et souvent, au loin, on aperçoit le marsouin souffleur,
lançant l'eau, comme une pompe, à 3 et 4 mètres en l'air.

Enfin, nous longeons les côtes des îles d'Houat et d'Hœdic :
îles pauvres, parce qu'elles sont mal cultivées ; elles furent for-
tifiées sous le régime de 1830.

On aperçoit, perchés sur les rochers de la côte comme des
sauvages, des *indigènes* occupés à pêcher ou à garder leurs
bestiaux.

Le détroit franchi, vous êtes dans le canal, et les côtes élevées de Belle-Ile se dressent devant vous comme de sombres
murailles.

Voici le port, commandé par la citadelle ; nous avons encore
environ quatre lieues à faire. Dans ces parages, la mer est
calme et unie comme une glace... — La chaleur est très-
vive à bord,... et le seul bruit des roues du vapeur rompt le
silence majestueux de ce grand spectacle... Mais, à mesure
qu'on approche du port, la mer devient vive ;... on sent du
roulis et du tangage... C'est le vent du nord qui pousse la mer

sur les côtes de Belle-Ile, où elle brise avec force, qui produit cette houle... — La marée haute nous permet d'entrer dans le port,... port charmant, le plus original que l'on puisse voir,... vrai port de forbans, de pirates... Nous voici à quai, sous les murs sinistres de la citadelle... — La ville de Palais, chef-lieu du canton de Belle-Ile, est bâtie en amphithéâtre sur le versant droit d'un vallon qui, au nord, débouche dans la mer. Sur le versant gauche, est assise la citadelle et ses glacis, formant de belles promenades d'ormeaux dont Nantes serait fière!... Puis le port, creusé dans le roc, est au milieu, c'est-à-dire entre la ville et la citadelle; ainsi les feux de la citadelle et des forts croisent bien au-dessus de la ville... Les quais, en pierres de taille polies, sont relativement très-beaux. Les principaux habitants de ce petit port possèdent de petits jardins fort jolis, perchés au-dessus des maisons, et que dominent les forts... De ces jardins on jouit de vues ravissantes sur la rade et les îles, sur le port et sur la campagne... Enfin, les quais du Môle, dominés d'un côté par la citadelle et de l'autre par la côte de la mer, haute de 45 mètres, en face toute la rade et les îles dans le fond,... sont, à bon droit, la promenade favorite des *Hois*...

Au fond du port se trouve l'écluse d'un second port-canal, qui s'avance, au milieu du vallon, de promenades d'ormeaux et de coteaux boisés, à 800 mètres dans les terres. Là, les navires cachés derrière la ville et la citadelle, entourés des côtes élevés du vallon, sont à l'abri des tempêtes et des feux de l'ennemi. Tel est le tableau, que je crois assez fidèle, du port de Palais.

Un des agréments les plus charmants de ce petit port, et qui ne manquera pas de réjouir le voyageur, c'est la vue du départ et du retour de ses nombreuses barques de pêche. — C'est la vue des nombreuses espèces de poissons étalées sur les quais et à la Poissonnerie. — C'est le magnifique tableau d'une flottille de barques de pêche semées çà et là sur la rade, couvertes comme d'un toit de leurs voiles rouges : dans ces barques dorment, tout habillés, leurs équipages... A 2 et 3 heures du matin, et du port et de la rade, ces barques s'envolent dans toutes les directions, à la chasse du poisson, comme les abeilles s'envolent de leurs ruches, à travers les prés et les collines fleuries, à la recherche de leur butin. — A 9 et 10 heures, elles rentrent au port, vendent leur poisson, et repartent l'après-midi, pour rentrer le soir.

C'est la pêche qui fait vivre Belle-Ile, qui l'enrichit ; c'est son commerce, son industrie. La pêche des sardines est la plus importante, et, comme le poisson y est fort beau, de riches ateliers de conserves sont venus se fixer sur l'île, où ils en font un commerce considérable. Après la pêche de la sardine, vient la pêche du homard, dont MM. les Anglais s'approvisionnent pour d'assez fortes sommes ; puis, la pêche du thon-germon, qui se fait à 10 et 12 lieues au large de Belle-Ile, par les pilotes occupés à louvoyer à la recherche des navires qui veulent entrer en Loire. Il se fait aussi, à l'heure des marées, par les îlois, sur les côtes escarpées de la grande mer, une pêche à la ligne très-productive, et de toute espèce de poissons... Peut-être ignore-t-on que tout le beau, le gros poisson, se prend à la ligne, et que pour bien pêcher ainsi, il faut peut-être plus de ruse et d'adresse que pour bien chasser... Mais voici la pêche la plus curieuse : en août 1849, pendant le *gros de l'eau,* les pêcheurs avaient remarqué un banc considérable de mulets entrer dans le port, où il venait dévorer tous les débris de poissons qu'on y jette... A basse mer, ils barrèrent le port avec des *seines*, qu'ils fixèrent au fond de la mer, en les chargeant de gros sable... Mis en sentinelle sur les jetées, deux pêcheurs signalèrent l'entrée du banc : alors, sans bruit, on redresse les *seines*...; des marins montés dans des canots, armés de grandes gaules, parcourent d'un môle à l'autre l'entrée du port, en frappant la mer, pour effrayer le poisson et l'empêcher de sortir.

La marée, qui toujours baisse, permet de voir l'anxiété de ces nombreux bataillons, qui cherchent tous les moyens de regagner la mer ;... mais peu y parviennent... A 12 pas dans le port sont postés des hommes : c'est la limite jusqu'où les habitants ont le droit de prendre, d'assommer le poisson...; c'est alors que la pêche devient curieuse! — Les hommes nus, mais en caleçons; les enfants, en sauvages, et les femmes retroussées sans façon, de la manière la plus plaisante, armés de bâtons courts, tuent, assomment ces pauvres bêtes, et les déposent en lots des deux côtés du port. — Puis, arriva le tour des inventeurs, des pêcheurs qui avaient barré le port; la mer étant retirée, ils ne ramassèrent pas moins de sept charretées de poissons.

Seul j'étais émerveillé...; voici pourquoi : des bancs considérables de poissons de toute sorte, chassés par de gros poissons, leurs ennemis, effrayés, se jettent le plus ordinairement dans le port du vieux château Sterwenne... Or, des anciens m'ont affirmé avoir vu *seiner* dans ce port quarante-cinq charretées de maquereaux, mulets, chinchards, anchois, etc., etc., en une seule fois.

Après des faits semblables, comment ne pas croire à la pêche miraculeuse de l'Écriture...!

On jouit à Belle-Ile, comme dans presque tous les ports de Bretagne, du miraculeux spectacle des marées. — Êtes-vous à l'heure de la basse mer : toutes les barques et les navires couchés sur le flanc reposent en attendant le flot. — Le flot monte insensiblement, et insensiblement le navire se redresse et revient à flot... L'heure de la pleine mer approche, il y a étale, et tout flotte à grande eau dans le port.

Maintenant, parcourons l'île. — Cette terre est longue de 5 lieues environ, et large de 2 ½ à 3 lieues; elle forme un canton divisé en 4 communes, reliées entre elles par de charmantes routes. — Ses côtes escarpées, hautes de 35 et 40 mètres, souvent se dressent à pic dans la mer; alors on les nomme *côtes de fer*. — D'autres fois, elles surplombent et servent au pêcheur intrépide de poste avancé, pour lancer ses lignes à la mer. L'île est entourée de profondes échancrures qui forment de petits ports défendus par des forts,... le tout de l'aspect le plus pittoresque. Si vous parcourez l'île, elle vous semble ne former qu'un vaste plateau encadré par l'azur de la mer; et sur lequel vous comptez, souvent, jusqu'à 20 et 25 villages à l'horizon. — Cependant, des côtes de la mer au centre, de beaux vallons, tapissés de prairies baignées de ruisseaux, sillonnent profondément l'île; tous ces vallons, dont les flancs sont embocagés de fougères, d'ajoncs et de bruyères fleuries, débouchent à la mer par de petits ports sablés, armés sur leurs côtés de petits forts pour les défendre.

Mais l'aspect de cette terre élevée est très-varié : certains rivages sont farouches et sombres, telle est la mer sauvage, la pointe aux Poulains, les tristes rochers de Bornord; d'autres fois, c'est l'aspect le plus sauvage, le plus effrayant, telles sont les côtes de fer de la Grande-Grotte, le promontoire

*

du camp de César, le Seuil... surtout si la mer est furieuse...
Alors le cri sauvage des goëlands, des corbeaux, des cormo-
rans, frappent l'air de sons étranges qui effrayent l'âme..;
mais si vous vous promenez sur les côtes fleuries de Ramonet,
de Belle-Fontaine, des Grands-Sables ou de Locmaria, tout
est gai, tout est souriant dans ces parages... L'air de ces côtes
est embaumé et plein de la plus transparente lumière; la
mer émue est plaintive; elle jette ses soupirs à la brise, qui
les emporte au loin dans les vallons. — Là, vous n'entendez
point le cri rauque des corbeaux et des goëlands : mais le tire-
lire sans fin,... le chant brodé de l'alouette... qui par cen-
taines s'élèvent dans l'air en chantant les splendeurs éclatantes
du soleil. — Dans ces charmants parages, l'âme est prise de
la plus douce rêverie..., et l'esprit, ému des plus doux songes,
peuple d'images gracieuses les sentiers escarpés de ces beaux
rivages...

Nous descendons dans les sables du grand vallon, entre
les côtes fleuries de Ramonet et de Belle-Fontaine. — Ici,
messieurs les *Hois* avaient organisé un établissement de
bains, qui ne réussit pas, parce qu'il ne pouvait pas réussir...
Enfin, nous rentrons en ville, toujours par les côtes si pitto-
resques de Ramonet; nous traversons le port et la promenade
des Glacis, et nous arrivons, par une branche du vallon, au port
Fouquet. Ce nom de *Fouquet* est celui de l'intendant des
finances sous Louis XIV. Nous ne devons pas oublier que cette
île lui appartenait, et que, prévoyant sa disgrâce, il la fit for-
tifier pour s'y retirer en sûreté. Le port Fouquet est très-beau;
on s'y baigne beaucoup, et l'on y fait de charmantes parties de
pêche. Nous remontons le vallon Fouquet en parcourant ses
prairies, et nous arrivons au magnifique établissement agricole

de M. Trochu : établissement modèle qu'on ne peut se dispenser de visiter. — Belle-Ile doit à M. Trochu une magnifique forêt de pins, plantés pour garantir les moissons de ses champs des vents de la grande mer..., mais qui a singulièrement amélioré le climat de la partie N.-N.-E. de l'île. A cinq quarts de lieue plus loin se trouve le magnifique port de Sauzon ; et plus loin encore, le très-beau port du vieux Château-Serwenne. C'est en entrant dans ce port, à droite, que se trouve la presqu'île du vieux château et le camp de César ; l'un des points les plus magnifiquement escarpés de l'île... Mais voici, d'après les *Commentaires,* comment on explique qu'il soit ici question de César. — Les habitants de Vannes se révoltèrent ; César, qui n'était pas dans les Gaules, ordonna de construire ses vaisseaux sur les rives de l'embouchure de la Loire. Brutus, si fameux depuis, fut nommé commandant de l'armée navale, et partit de la Loire pour Vannes, mais il fut très-contrarié par les vents ; Brutus dut donc relâcher à Belle-Ile, au port du vieux Château-Serwenne, le seul port de ce temps vraiment praticable... De là les restes du camp romain, dit *Camp de César.*

Ainsi, voir ses vallons, ses côtes de fer, ses ports, ses promontoires et ses sables, le phare, Locmaria, Sauzon, la fontaine, la citadelle, la grande grotte, la mer sauvage, le camp de César, et jouir du grand spectacle de la mer en fureur, c'est voir Belle-Ile !

Le nom gracieux de Locmaria me rappelle, avec la douceur relative de son climat, la majesté et la beauté champêtre de ses côtes, une petite histoire dont le récit ne sera peut-être pas sans intérêt pour ceux qui me feront l'honneur de me lire ; la voici :

A une lieue environ de Locmaria se trouve la côte farouche de Bornord. Sur cette côte se fixa un Allemand, militaire qui avait tenu garnison à Palais ; il s'empara de quelques arpents de terre, et, contre de gros rochers, à quelques pas de la mer, il construisit, avec des débris de navires naufragés, une case, une baraque, ayant tout le cachet d'un repaire de forbans : la charpente, les soliveaux, le mobilier de cet antre n'étaient que des épaves de navires perdus dans ces parages... enfin, tout dans cet antre rappelait quelque affreux sinistre...!

La vie de cet homme se passa à rôder sur ces côtes affreuses! on disait même qu'il avait trouvé ou pris de riches épaves... — Toujours est-il qu'éloigné des villages, il vivait comme un sauvage sur ces tristes rochers.

Je ne sais s'il fut marié devant Dieu ou devant les hommes, mais il avait trois enfants quand je fus le voir. — Je remarquai surtout une jeune fille de 15 à 16 ans, charmante! brune, bien faite, de taille moyenne, elle avait de grands yeux et de magnifiques cheveux bruns...; son joli visage bronzé par le grand air était animé de la physionomie la plus heureuse..., sa taille était souple et déliée...; elle courait pieds nus sur les côtes et dans les rochers, vêtue d'un jupon court de bure rayée; sur ses épaules un petit mouchoir de carreaux bleus... — puis un petit bonnet emprisonnait à grand'peine ses magnifiques cheveux. — C'est dans cet équipage que cette jeune fille nous apportait vendre ses pigeons de côte, qu'elle savait, au péril de sa vie, merveilleusement dénicher...

Ces pigeons, gros comme des tourterelles, nichent dans les côtes les plus élevées et les plus impraticables. Or, ma présence à Locmaria stimula l'industrie de la jeune fille : il paraît que cette charmante enfant ne reculait devant aucun danger pour dénicher ces oiseaux. — Mais, le plus souvent, c'était en grimpant le long dé ces murailles de schiste, minées et brûlées par la mer, qu'elle atteignait sa proie...

Un jour que je rentrais de la promenade, c'était le matin, j'appris que cette intrépide enfant, étant grimpée le long d'une côte affreuse, allongeant le bras pour atteindre le nid, le schiste se rompit sous ses pieds;... prompte, elle se cramponna avec ses ongles, et, suspendue sur l'abîme, le poids de son corps brisa ce dernier salut;... elle tomba sur d'affreux rochers, où elle se brisa les reins...

Je courus sur les lieux; elle était couchée sur son grabat toute sanglante, les intestins sortis du corps; ses grands cheveux, échappés en désordre, inondaient son lit, son corps et son visage... — En me voyant, elle tendit ses bras charmants vers moi; je ne pus retenir mes larmes, je l'embrassai tris-tément, et lui témoignai ma douleur d'être la cause indirecte de son malheur... Mais elle me pressa la main, et, de l'air le plus touchant, elle me remercia de lui avoir fait gagner quelque monnaie. Alors la douceur et la tristesse de ses beaux yeux semblèrent nous dire un dernier adieu... Pauvre enfant! mourir si jeune, si cruellement!... elle si vive, si charmante, si joyeuse; et qu'un instant avant on eût pu voir courir sur les rochers, comme une jeune gazelle. — Le médecin arriva..., la vit...; elle expira.

Une Tempête. — Le Phare.

En 1846, j'étais à Belle-Ile avec ma mère, Mme Bru... et
deux domestiques : c'était au mois d'août, le vent S.-S.-O.
soufflait tempête; les nues étaient si basses, qu'elles semblaient
s'abîmer dans la mer. Nous partîmes en char-à-bancs voir
la mer sauvage. — Allant par la jolie route de Sauzon, nous
longeâmes les fermes et les bois de M. Trochu, nous descendîmes au galop dans le profond vallon de Sauzon ; et comme
il était basse mer, nous arrivâmes au bourg en parcourant le
port dans toute sa longueur, soit deux kilomètres, à travers les
navires et les chasse-marées, couchés sur le sable en attendant le flot. Nous traversâmes le bourg escarpé de Sauzon, et
nous nous dirigeâmes rapidement sur Donnant, port ainsi
nommé, je présume, de ce que la mer y donne toujours avec
force. Nous y arrivâmes par l'un de ses profonds et sablonneux
vallons, à travers des masses d'écume grosses comme des
moutons, que la mer en fureur vomissait sur la plage, et que
le vent poussait et accumulait dans le ravin. — Le bruit que
faisait la mer était affreux. — Les dames avaient peur, et le
cheval tremblait de tout son corps : il n'avançait qu'à force de
coups... La mer était basse, mais la marée montait; enfin, je
force le cheval pour lui faire tourner le promontoire des dunes
et entrer dans le deuxième vallon, qui conduit au village de
Donnant : nous étions à l'endroit où la mer brise avec le plus
de violence, je me croyais sauvé...; mais, sous le sable fin de
la grève, une roche arrête la voiture... Le cheval frémissait de
peur...; Mme Bru... et sa domestique, effrayées, sautent de la

voiture et se sauvent sur les dunes... Tout à coup, une lame furieuse déferle sur la plage, et submerge la voiture : ma mère pâlit, sa domestique crie au secours; mais Mme Sa..., de Palais, les rassure. — Pour moi, dans l'eau jusqu'aux genoux, je faisais tête à tout...; car, du haut des dunes, Mme Bru..., effrayée, criait à ma mère de se jeter à la mer pour se sauver...! Si, malheureusement, elle eût suivi ce conseil, elle était perdue... : la mer, en se retirant, l'emportait dans les rochers, où lui donner secours était impossible...

« Mais pour renaître, enfin sa rage expire... »

La mer retire ses eaux écumeuses, qu'elle boit en rugissant... Alors je profite de cet instant pour piquer vivement le cheval... : il fait un effort, franchit l'obstacle; je réchauffe son ardeur à grands coups de fouet, et nous passons...! Il était temps, car la mer, furieuse, revint couvrir la plage de plus de 2 mètres...! — Nous traversâmes rapidement le grand vallon, et tous à pied nous franchissions la côte escarpée de Donnant, en contemplant l'horreur de la tempête... : la mer, furieuse, écumait de rage, et franchissait de plus de 6 mètres la côte, qui en a bien 35...! Qu'on juge ce que doit être une tempête en hiver...! Nous marchions toujours, quand une pluie battante nous surprit.... Enfin, nous arrivâmes au village trempés comme des naufragés...! nous nous séchâmes de notre mieux, et, remis de nos émotions, nous nous dirigeâmes sur le phare, qui n'est qu'à dix minutes de Donnant et à 2000 mètres environ de la mer. Le phare de Belle-Ile est l'un des plus beaux de France; situé sur la côte de la mer sauvage, il est à trois lieues de Palais.

La tour, le socle et la lanterne mesurent 85 mètres environ, et la côte 50, ce qui fait 135 mètres au-dessus de la mer. — Ses feux sont visibles à 14 lieues. Tout ce beau monument est construit en granit fin et avec le plus grand soin. — Je ne ferai point la description des étages de la tour, ni du magasin, ni de la lanterne, ni du magnifique panorama dont la vue est saisie du sommet de cette tour... Tout cela doit être vu, pour être bien senti, bien apprécié. — Arrivés près du phare, la violence du vent produisait, en s'engouffrant dans la tour, et en la frappant extérieurement, des sons si lamentables, rendus encore plus effrayants par la grande et sinistre voix de l'Océan, qui, dans sa rage, dominait toutes ces clameurs, que ces dames, effrayées, ne purent se résoudre à monter dans la tour, qui, alors, frissonne sous les pieds des visiteurs ; du reste, c'est une preuve de sa solidité, et les gardiens eux-mêmes, dans ces gros temps, n'entrent dans la lanterne qu'en marchant sur les genoux et les mains...; car, ce qui semble incroyable, la lanterne oscille alors de cinq et six pouces, et les tempêtes d'été sont peu de chose, comparativement à celles d'hiver!

Mais un fait non moins curieux se produit aux époques de l'année où les oiseaux voyageurs émigrent : égarés, attirés par les feux du phare, il se précipitent sur la lanterne en si grand nombre et avec tant de violence, qu'ils brisent des glaces de la plus grande épaisseur, et tombent tués ou étourdis entre le balcon et la lanterne; alors, les gardiens, armés de petits bâtons, en font un grand carnage.

Quant à nous, étourdis du vacarme de la tempête, qui ne nous permettait même pas de nous entendre parler, nous filâmes vent arrière sur le bourg champêtre de Bengor, dont nous descendîmes le magnifique vallon avec toute la rapidité de notre pauvre équipage. — C'est au débouché de ce vallon que se trouve perché, sur les rochers, au bord de la mer, *le Grand Village;* village le plus considérable de l'île.

Après un instant d'arrêt à Bengor, dont le nom, comme celui de Sauzon, rappelle la domination anglaise *sous Louis XV,* nous nous mîmes rapidement en route pour le Palais, où nous arrivâmes trempés, mais pleins d'émotions...

Une Promenade à l'île d'Houat.

C'était aussi en 1846, je résidais à Palais; j'y fis connaissance du garde du génie et du médecin de l'hospice. — Le curé de Houat, venant de Vannes, était à Palais. — Le médecin et moi désirions voir l'île...; mais on *ne devait y aller* qu'autorisé par le curé, qui, sur cette île, cumule avec son ministère tous les pouvoirs civils et politiques... Ainsi, il est maire, juge de paix, médecin, pharmacien, maître d'école, marchand de vin et gendarme... Le garde du génie devait y aller le lendemain, *les fortifications de l'île l'y appelaient; si nous étions autorisés,* il offrait de nous y conduire... En conséquence, il fut convenu entre nous que j'irais à la cure prendre l'autorisation du curé. Le dîner fini, ces Messieurs étaient au dessert quand j'entrai:... je leur dis le motif de ma visite. Le curé de Houat, homme maigre et trapu, teint basané et cheveux noirs,... était bas-breton; il n'y avait dans cet homme que ce qu'il fallait pour gouverner Houat dans sa misère, mais rien de plus!... Il ne

me parla que les yeux baissés, et conclut en me disant que ça
ne se pouvait pas. — Hé bien, Monsieur, nous ferons comme
vous voulez qu'il soit fait... — Je me retirai et fus rendre compte
de ma mission à mes compagnons, puis nous convînmes de
partir le lendemain matin, à 3 heures précises. Le temps était
magnifique; nous partîmes avec la brise du soleil levant, la
traversée fut très-gaie et dura 3 heures; nous croisâmes de
nombreuses barques de pêche, et nous fûmes souvent réjouis
par la vue de nombreuses bandes de dauphins courant et sau-
tant autour de notre chaloupe;... puis des pêcheurs levant leurs
filets, dont les mailles garnies de sardines semblaient une
longue toile d'argent qu'ils tiraient de la mer dans leurs barques.
— Enfin, nous prîmes terre dans une petite crique où nous
plantâmes notre tente; nos matelots firent du feu, et le poisson
que nous avions pris à la ligne pendant la traversée fut apprêté
en bouille-à-baisse, ce qui, joint à nos autres provisions, nous
procura un bon déjeuner...

Le garde du génie s'occupa de son affaire, et le médecin et
moi nous fîmes le tour de l'île en herborisant et en *collection-
nant* les coquillages de l'île. Nous arrivâmes au bourg : nous
n'y trouvâmes que des femmes, des enfants et des vieillards;
les jeunes hommes, dans la belle saison, sont occupés à navi-
guer ou à la pêche... A notre arrivée, les femmes et les enfants se sauvèrent dans les maisons et s'y barricadèrent comme
des sauvages... Ces insulaires sont misérables; l'agriculture
est si mal faite!... Leurs maisons sont minables... Ah! si
le curé était à la hauteur de son double ministère!...

L'île d'Houat, pendant les guerres de la République et de
l'Empire, ayant été constamment au pouvoir des Anglais, les
Houatais ne sont plus bretons... Les Anglais les ont entière-

ment refondus à leur image : ils sont grands, forts, de longs visages, de grands nez aquilins; les femmes sont laides. Nous remarquâmes dans quelques maisons des meubles armoriés, fleurdelisés, et d'autres objets rappelant la bataille de Quiberon, en 1795. Ce fut sur cette île que se réfugièrent beaucoup de ceux qui échappèrent à ce désastre.

Nous nous présentâmes au presbytère, tenu par la sœur du curé, pour lui donner courtoisement *des nouvelles de son frère*, mais dans l'intention de boire son vin... Comme M. le curé était absent depuis 8 à 10 jours, elle fut sensible à notre politesse, et nous offrit, pour nous rafraîchir, d'excellent vin de Bordeaux, que nous bûmes gaiement à la santé de M. le curé, qui ne s'en doutait guère. Nous admirâmes la cure, dont le jardin bien cultivé, entouré de grands murs, qui le préservent de la violence des vents de mer, ressemble à une oasis au milieu de cette terre aride. Sortant du presbytère, la curiosité nous conduisit à la *salle des Spartiates*... Mais, dira-t-on, que diable Sparte vient-elle faire ici? Nous l'allons voir... Il n'y a sur l'île d'Houat qu'une bourgade champêtre...; toutes les maisons de l'île sont groupées autour du clocher. Comme l'île est pauvre, étant sujette à être ravagée par les tempêtes, et afin de prévenir la ruine complète des habitants, la nécessité leur a dicté la loi de vivre librement en communauté : la récolte se partage entre tous, je ne sais dans quelle proportion; — il n'y a pas d'aubergiste à Houat, — mais par les soins intéressés du recteur, au moyen d'une bonne sœur, M. le curé tient cambuse... c'est la salle des Spartiates, où tous les insulaires viennent prendre leurs repas... — Cette salle est un carré long, garni parallèlement aux murs de deux tables entourées de bancs; au bout de la salle opposé à celui de l'entrée, se trouve la croisée de la cambuse avec sa tablette-comptoir, par et sur laquelle la sœur débite le vin par quarts.

A l'heure des repas, la clochette sonne, et tous les insulaires arrivent s'attabler, eux, leurs femmes, leurs enfants, et leurs vivres... C'est alors que la cambuse débite le vin au nom et pour le compte de ceux qui le boivent. Depuis 1848... on a beaucoup parlé de socialistes, de fouriéristes et de communistes..., et le monde ignore que dans une petite île de la basse Bretagne, la nécessité, la misère a conduit les habitants à vivre de la vie commune, de la vie phalanstérienne, sous la direction d'un curé, dont les intérêts sont soigneusement séparés de ceux de la communauté.

Pendant que nous parcourions l'île, nos matelots se livraient au plaisir de la pêche; ils avaient pris beaucoup de poisson, qu'ils préparèrent avec soin, et dont ils nous firent une excellente soupe. Quand on parle de la soupe de poisson à des Parisiens, ils s'apprêtent d'abord à vomir, tant ils éprouvent de répugnance!... Cependant, c'est un des meilleurs potages qu'on puisse manger.

Il ne manquait à ce dîner de forban, pris dans les rochers sur la plage d'une petite crique au bord de la mer, qu'une omelette d'œufs de goëlands... mais ce n'est qu'à la grande mer, à Belle-Ile, que l'on mange ce mets sauvage. Nous pliâmes la tente et nous levâmes l'ancre sur les 6 heures, poussés par les vents du soleil couchant; à 9 heures, nous étions à Palais...

Après quelques jours de résidence, vous embarquez pour Lorient, vous doublez Taille-Fer, dernier cap de Belle-Ile, puis la presqu'île sablonneuse de Quiberon, que vous longez de loin, et vous apercevez le fort Penthièvre,... c'est-le point capital du champ de bataille où le général Hoche extermina si noblement l'armée royaliste vomie sur nos côtes par la marine anglaise en 1795. A huit heures du soir, vous êtes à Lorient. Un seul jour suffit pour voir Lorient, le port impérial et Port-Louis, — puis la voiture vous conduit à Hennebont, pays très-aristocratique et fort pittoresque; mais ce sont surtout les rives charmantes de la rivière le Blavet qui méritent être vues.

Arrivé à Auray, vous y séjournez au moins deux jours; vous parcourez les rives charmantes de la rivière d'Auray jusqu'à la mer du Morbihan, vous visitez la charmante promenade du Loch, la halle et la basse ville... Car Auray est bâti en amphithéâtre sur un coteau élevé de 300 pieds environs au-dessus du port... N'oubliez pas que vous devez être à Auray un ou deux jours avant le pardon de Sainte-Anne, qui a lieu le 27 juillet, car c'est un spectacle tout à fait curieux à voir que celui de l'arrivée des nombreux *troupeaux* de pèlerins venant de tous les points de la Bretagne. Mais c'est surtout l'arrivée des *insulaires* de la mer du Morbihan qui est pittoresque : montés dans leurs barques formant flottille, fort endimanchés, ils suivent la chaloupe qui les commande et que montent les prêtres, avec croix et bannières déployées... assistés des choristes et des sacristains, les mains armées de fortes clochettes, sonnant leur arrivée dans le port ; les prêtres chantent les litanies, et le peuple en chœur répond, au bruit cadencé des rames : *Ora pro nobis...* Tous les habitants et les voyageurs sont perchés sur les coteaux élevés qui bordent la rivière, pour jouir de la vue de ce singulier spectacle...

Il ne faut pas oublier non plus qu'à ce fameux pardon de Sainte-Anne tous les costumes de la Bretagne se trouvent représentés!...

Vous allez donc en pèlerinage à la chapelle Sainte-Anne, qui est à une lieue d'Auray, vous voyez le pardon, vous visitez la chapelle ; vous remarquez surtout *la riche corporation des mendiants.* — Vous revenez par le couvent de la Chartreuse et le champ des Martyrs..., ainsi nommé par les amis des transfuges faits prisonniers à Quiberon, et que la République fit fusiller dans cet endroit...; mais la Restauration leur fit élever un mausolée magnifique dans la chapelle de la Chartreuse : quant aux vainqueurs, ils n'ont d'autre monument de leurs trophées, que l'énergique récit de l'histoire...

Enfin, depuis qu'il est parlé de chouannerie dans notre histoire, Auray en fut toujours le centre. C'est au village de Brech, près d'Auray, où le père était meunier, qu'est né le chouan Cadoudal : pris comme chef du criminel attentat commis, au moyen de la machine infernale, contre la vie du premier consul Napoléon Bonaparte, il fut exécuté le 25 juin 1804. C'est encore à Auray que le général Bigarré, de Belle-Ile, et qui commanda à Rennes après 1830, écrasa les chouans en 1814-1815... Mais Auray est surtout célèbre par la bataille du 24 septembre 1364, où le fameux Duguesclin fut fait prisonnier par les Anglais.

Avant de quitter Auray, vous allez à Carnac visiter ses

champs de pierres druidiques, *ses menhirs*, les plus nombreux de France : ces pierres s'étendent à perte de vue dans
une vaste lande couverte de bruyères et entourée de bois de
pins. On en compte plus de 1200, rangées en ligne droite sur
onze files parallèles ; elles ont de 18 à 20 pieds de haut...

Voici, d'après la légende du pays, l'origine de la présence
de ces pierres dans les champs de Carnac : — Saint Corneli,
poursuivi par une armée de païens, courut, se sauvant devant
eux, jusqu'au bord de la mer ; là, ne trouvant pas de bateau,
et sur le point d'être pris, il métamorphosa en pierres les
soldats qui croyaient le saisir...

Les légendes, dit Bolingbrocke, ont été transmises par les
fripons d'un siècle, aux nigauds des siècles suivants, pour les
exploiter...

De retour à Auray, vous prenez la voiture de Nantes, vous
passez au coupe-gorge de Ponsal, de lugubre mémoire dans
les crimes de la chouannerie, — vous visitez Vannes et ses
charmantes promenades, et vous rentrez à Nantes en passant
sur le fameux pont de la Roché-Bernard, œuvre de géants, qui
mérite à lui seul les fatigues d'un long voyage.

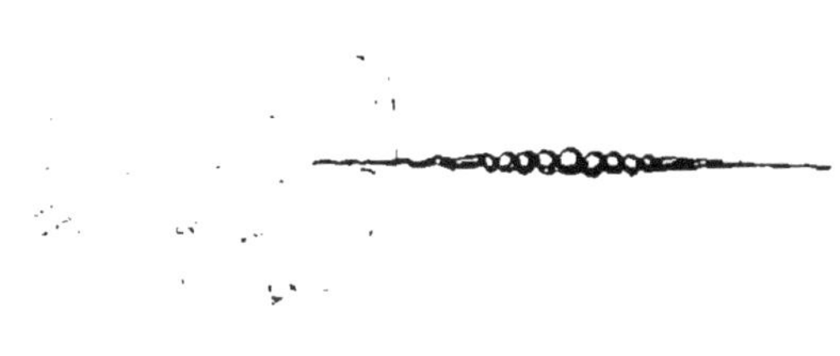

Nantes, Imprimerie-Librairie-Lithographie A^d Guéraud et Cie, quai Cassard, 5.

9 782019 205331